Pedro Claudio Rodríguez

# EL RHODIO

## Aplicaciones electrolíticas y sus características

*1ª. Edición*

*2001*

## LIBRERÍA Y EDITORIAL ALSINA

PARANÁ 137 - BUENOS AIRES - ARGENTINA
TEL.(54)(011)4373-2942 Y TELEFAX (54)(011)4371-9309

*Diseño de Tapa, diagramación, gráficas y armado de interior:*
*Pedro Claudio Rodríguez*
*Telefax: (54) (011) 4372-3336*
*Celular: (15) 4444-9236*

*IMPRESO EN ARGENTINA*

I.S.B.N. 978-950-553-254-4

# INDICE GENERAL

# CAPITULO 1

## EL RHODIO

### INTRODUCCIÓN

En muchos casos, la deposición electrolítica se convierte en un método a elegir para provocar películas de metales preciosos, cuyas propiedades particularmente interesantes son cada vez más utilizadas por la industria moderna cuyas exigencias son día a día más severas.

En este tratado, el propósito es el de referirnos específicamente a uno de estos metales, **el Rhodio** (símbolo químico **Rh**), del que tanto se ha hablado y se sigue hablado en los últimos años.

Aquí, luego de citar sus propiedades físicas y químicas, se estudiarán y compararán los diferentes tipos de electrolitos empleados. Se explicarán con detalle los problemas de las tensiones internas producidas en las películas obtenidas, como también las posibles causas de contaminación.

Además, de indicar las aplicaciones del *rhodio*, en particular en los procesos electrolíticos, se mencionarán en cada caso las especificaciones técnicas y el empleo más corriente, como también las precauciones que deberán tomarse para conseguir un depósito correcto.

### GENERALIDADES

El *rhodio*, metal proveniente de la mina de *platino*, fue descubierto al mismo tiempo que el *paladio*, en 1803, por *W. H. Wolaston*. Su nombre griego se debe al color rojizo que poseen sus sales en disolución.

Los principales países productores de rhodio son en la actualidad África del Sur, Canadá y Rusia. El mineral de origen sudafricano (explotado por la *Rustenberg Platinum Mines Ltd.* de Johannesburgo) contiene alrededor de un 5 a un 10 por mil de metales platinoides, de los cuales entre el 2 y 3% es rhodio. El enriquecimiento se efectúa por sistemas gravimétricos pudiéndose así obtener un concentrado con un conteniendo de alrededor del 22% de metales platínicos, en parte en estado nativo (como metal) y en parte como Sulfuros.

En el Canadá se recuperan los metales platínicos como subproductos de la refinación del níquel. Los concentrados provienen del tratamiento de las matas y barros procedentes del refinado electrolítico. El contenido en platinoides es de aproximadamente un 4%.

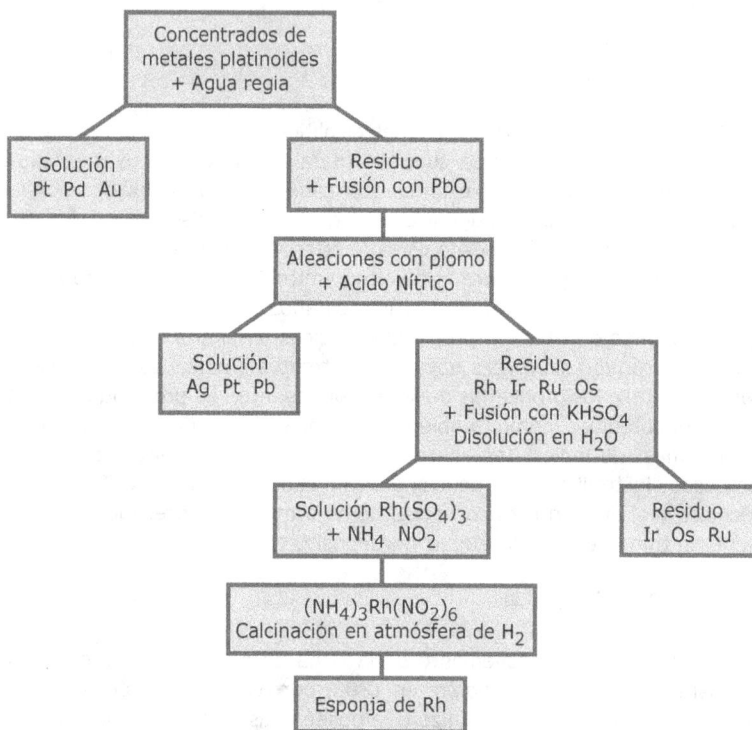

```
Concentrados de
metales platinoides
+ Agua regia
  ├─ Solución
  │   Pt Pd Au
  └─ Residuo
     + Fusión con PbO
        Aleaciones con plomo
        + Acido Nítrico
          ├─ Solución
          │   Ag Pt Pb
          └─ Residuo
             Rh Ir Ru Os
             + Fusión con KHSO₄
             Disolución en H₂O
               ├─ Solución Rh(SO4)3
               │   + NH4 NO2
               │     (NH4)3Rh(NO2)6
               │     Calcinación en atmósfera de H2
               │       Esponja de Rh
               └─ Residuo
                  Ir Os Ru
```

*Fig. 1: Esquema general del refinado del Rhodio*

Las operaciones de refinación son muy delicadas y no permiten la fácil obtención de un metal de alta pureza, tal como el que se requiere para la preparación de baños electrolíticos. La eliminación de metales comunes de menor título se realiza mediante el esquema ilustrado precedentemente (Fig. 1), y además puede ser llevado a cabo mediante el empleo de resinas intercambiadoras de cationes. De hecho, contrariamente a lo que ocurre con los metales comunes, la mayor parte de los compuestos de rhodio son complejos en solución en los cuales el metal enmascarado bajo forma de aniones, podrán atravesar la columna intercambiadora formada por las resinas mencionadas, mientras que los cationes serán retenidos por las mismas.

En los Estados Unidos el consumo de rhodio es de alrededor de 600 kg. por año. El rhodio es uno de los metales más caros, cuyo costo como metal supera varias veces el valor del Oro.

*PROPIEDADES DEL RHODIO*

*Propiedades Eléctricas:*

* *Resistividad*: 4,93 µΩ/cm a 20°C (en forma comparativa Ag, 1,6; Au, 2,4; Pt, 10,6; Pd, 10,7)
* *Coeficiente resistivo entre 0 y 100°C*: 0,0045/°C
* *F.e.m. (fuerza electromotriz) del par termoeléctrico Rh/Pt*: 18 mV para $t_1$=0°C y para $t_2$=1.200°C

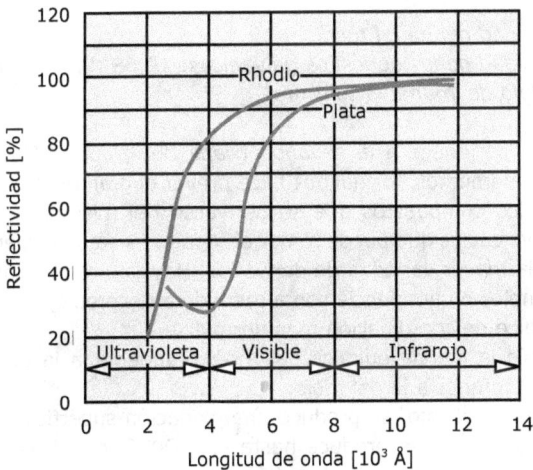

*Fig. 2: Reflectividad comparativa entre el Rhodio y la Plata*

Propiedades Magnéticas:

* Susceptibilidad magnética: K=10,99 10$^{-6}$

Propiedades Térmicas:

* Punto de fusión: 1.966°C
* Calor latente de fusión: 52 calorías/gramo
* Calor específico: 0,055 calorías
* Conductividad térmica a 18°C: 0,21 cal/seg/cm²/°C/cm
* Punto de ebullición: 4.500°C. De entre los metales del grupo del platino, el rhodio es el que posee la volatilidad más débil.

Propiedades Opticas:

* Emisividad espectral: 0,24 a 650 mμ y 1.000°C
* Reflectividad porcentual: ver figura 2.

Propiedades Químicas:

* Densidad del metal fundido: 12,47
* Densidad de los depósitos galvánicos: 10,68
* Módulo de Young: 3 Ton/mm²

El rhodio pertenece a la segunda triada del grupo VIII de la tabla periódica de elementos, lo cual nos hace prever el gran número y la complejidad de los compuestos que se derivarán del mismo. De entre las numerosas valencias que puede tomar el rhodio, es bajo la valencia 3 que presentará la mayor variedad de derivados. Hay que señalar que incluso las sales simples en apariencia son a menudo autocomplejos, siendo 6 el valor del índice de coordinación más normal.

Es notable la inercia química del rhodio, superior a la del platino y paladio, pero inferior a la del iridio.

Calentándolo al rojo, se produce una oxidación superficial. El ataque por los halógenos no se produce hasta los 500°C, mientras que el paladio es atacado en frío por el cloro húmedo. El rhodio resiste a la mayor parte de los ácidos y al agua regia; en cambio, es atacado por el ácido sulfúrico concentrado a temperatura (en caliente) y por numerosas sales, óxidos e hidróxidos fundidos, tales como el bisulfato potásico.

Mediante procedimientos químicos o eléctricos, se pueden preparar soluciones coloidales de rhodio que resisten muy bien la floculación.

El *rhodio*, como ocurre con los otros platinoides, presenta propiedades catalíticas para la hidrogenación y la oxidación, que son particularmente interesantes; su empleo se realiza en este caso bajo forma de negro de rhodio o de musgo de rhodio con el objeto de conseguir la máxima superficie activa.

*Propiedades Físicas:*

* *Número atómico*: 45
* *Peso atómico*: 102,9
* *Radio atómico*: 1,342 Å
* *Radio iónico para Rh$^{-3}$*: 0,68
* *Dureza en estado recocido*: 110 Vickers, contra 300 para el metal martillado y 800 para los depósitos galvánicos. Es muy difícil trabajar el rhodio en frío. Sin embargo, se puede forjar a 800°C.
* La variedad $\alpha$ es la menos densa, su malla mide 9,211 Å contra 3,795 Å para la forma $\beta$.

El estudio mediante los Rayos X, parece indicar la existencia de formas $\alpha$ y $\beta$. La primera, cúbica simple, sería estable a baja temperatura y totalmente reemplazada por la forma $\beta$ c.f.c. por encima de 1.100°C.

En los depósitos electrolíticos, existe predominio de la forma $\alpha$. Esta alotropía ha sido puesta en duda por ciertos autores, ya que no se evidenció ningún punto de transición mediante el estudio de la f.e.m. (fuerza electromotriz) de los pares térmicos, o de la resistividad en función de la temperatura.

# CAPITULO 2

# ELECTRODEPOSICIÓN DEL RHODIO

## INTRODUCCIÓN

El rhodio, metal muy costoso y difícil de trabajar, saca particular provecho de las posibilidades que ofrece su uso con la electrodeposición. A pesar de que los primeros depósitos explotados comercialmente se remontan alrededor del año 1930, hasta la conclusión de la 2$^{da.}$ Guerra Mundial, la deposición electrolítica del rhodio no se convierte en una aplicación normal en la industria. La necesidad de disponer de un material de telecomunicación de campaña totalmente seguro, impuso al rhodio como metal para el revestimiento de superficies en contactos eléctricos. Respecto a las excelentes propiedades ópticas del rhodio, han sido aprovechadas en la construcción de potentes proyectores para la defensa.

## DIFERENTES TIPOS DE BAÑOS CONVENCIONALES

Desde la antigua fórmula de *Pilet*, basada en el *cloruro de rhodio* y el *fosfato amónico* (la cual da y ha dado depósitos muy mediocres), se han registrado gran número de patentes sobre el empleo de sales simples y complejas en medio ácido o alcalino.

Actualmente los únicos baños empleados industrialmente son ácidos y llevan como componente fundamental el sulfato o el fosfato de rhodio. Por dilución de soluciones concentradas de estas sales en ácido sulfúrico o fosfórico, se obtienen los baños de rodinado convencionales.

Hay que señalar que los concentrados de rhodio comerciales no son realmente baños de rodinado, sino solamente soluciones de sulfato y/o fosfato de rhodio para ser aplicadas en galvanoplastía. Estos concentrados no son productos químicos de composición perfectamente definida y los resultados obtenidos varían sensiblemente según su tipo de fabricación y origen. Ello afecta por una parte a la sensibilidad que presentan los baños de rodinado ante la presencia de pequeñas cantidades de cierto tipo de impurezas y, por otra parte, al hecho de que el rhodio puede encontrarse acomplejado de diferentes formas, lo cual dependerá de su método de fabricación.

La elaboración más corriente para obtener concentrados, se realiza por cloruración del rhodio en esponja, precipitando luego el monohidróxido de rhodio y redisolviendo en ácido. En el caso del sulfato, es posible, después de la cloruración, efectuar una fusión con bisulfato. Tanto en el caso del sulfato como del fosfato, el rhodio es trivalente. De hecho se trata de una mezcla de fosfatos complejos y posiblemente ocurre lo mismo en el caso de los sulfatos, aunque esta afirmación no sea absoluta.

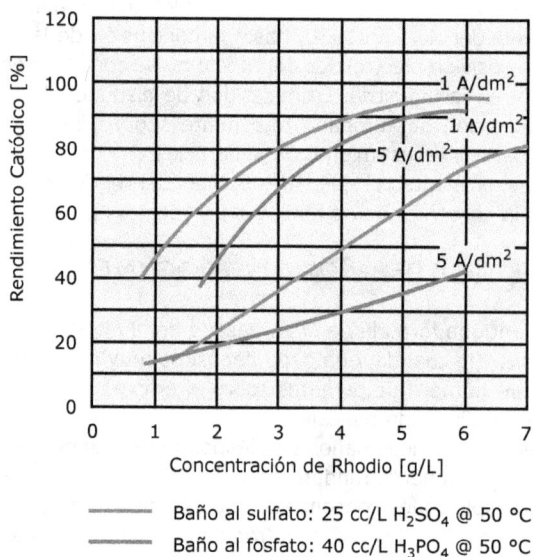

Baño al sulfato: 25 cc/L $H_2SO_4$ @ 50 °C
Baño al fosfato: 40 cc/L $H_3PO_4$ @ 50 °C

*Fig. 3: Rendimiento en función de la concentración de rhodio*

El *Rhodio* posee dos variedades de sulfatos: el rojo $Rh_2(SO4)_3.6H_2O$ y el amarillo $Rh_2(SO_4)_3.14H_2O$. El sulfato amarillo se transforma mediante calentamiento en sulfato rojo, el cual no da buenos resultados con fines electroquímicos (lo cual se manifiesta por sus bajos rendimientos). Por dicha razón, hay que evitar todo sobrecalentamiento local, mediante una buena agitación, por la posible descomposición que la temperatura genera sobre las sales según lo antes mencionado.

Es preciso hacer notar que los concentrados de rhodio comerciales no contienen grandes cantidades de ácido libre y, por tanto, no se pueden diluir más que en agua suficientemente acidificada (pH<2), para evitar la hidrólisis, pues a pesar de que el precipitado de sales básicas e hidróxidos que se forman pueden ser redisueltos acidificando más la solución, los depósitos obtenidos a partir de tales baños no son de buena calidad. Este fenómeno de hidrólisis se produce más frecuentemente con el sulfato que con el fosfato. Los gráficos que se presentarán a continuación (Fig. 3; 4; 5 y 6), permiten observar en forma comparativa cuál es la influencia de cada variable sobre el rendimiento catódico de los baños electrolíticos convencionales de rhodio al sulfato y al fosfato.

En el caso del Rhodio trivalente, el rendimiento teórico máximo es de 21,5 mg/A/minuto.

En cuento a la agitación, la misma incrementa el rendimiento, pero la diferencia entre un baño agitado y otro sin estarlo se hace menos perceptible a medida que crece la densidad de corriente. Bajo estas circunstancias, es lógico que se presente este aspecto, si se quiere, negativo debido a un incremento desproporcionado respecto a la liberación de hidrógeno, y aunque se agite fuertemente la solución, resulta imposible compensar la turbulencia generada.

Para lograr recubrimientos de Rhodio de cierto espesor, los mismos se realizan partiendo de baños al sulfato con la siguiente composición:

| Componentes y Condiciones | Cantidades y Datos |
|---|---|
| Rhodio metálicol (como Sulfato) | 3 g/L |
| Acido Sulfúrico concentrado | 30 cm³/L |
| Temperatura de Trabajo | 50°C |
| Densidad de Corriente Catódica | 1 a 2 A/dm² |

En joyería, los depósitos son a menudo muy delgados, del orden de una décima de micrón (<0,1 µm) como máximo. Para reducir la importancia de las pérdidas por arrastre, las soluciones empleadas no contienen más de 2 g/L de metal. Los baños formulados con fosfato de rhodio y ácido sulfúrico dan los depósitos más blancos, cualidad que se mantiene aún con el empleo de elevadas densidades de corriente, pudiéndose llegar hasta los 15 A/dm².

Los baños de rhodio trabajan necesariamente con ánodos insolubles, los cuales deberán ser de platino, titanio platinado o grafito. Este último se desaconseja por su corta vida útil. El mantenimiento del metal consumido en el proceso electrolítico se efectúa mediante adición de soluciones metálicas concentradas de sulfato o de fosfato de rhodio. Hay que tener en cuenta la cantidad de ácido libre presente en estas soluciones, a la cual se añadirá el ácido liberado por la descomposición electrolítica de la sal de rhodio (ión sulfato que al combinarse con el hidrógeno genera ácido sulfúrico), por ello, generalmente hace innecesaria la adición de ácido al electrolito. Naturalmente, el sentido de la variación depende de la cantidad de ácido contenido en los concentrados y de la importancia de las pérdidas por arrastre. Por lo general, como resultante de estos factores, el contenido de ácido libre aumenta y no hay que olvidar la disminución de rendimiento por dicha causa.

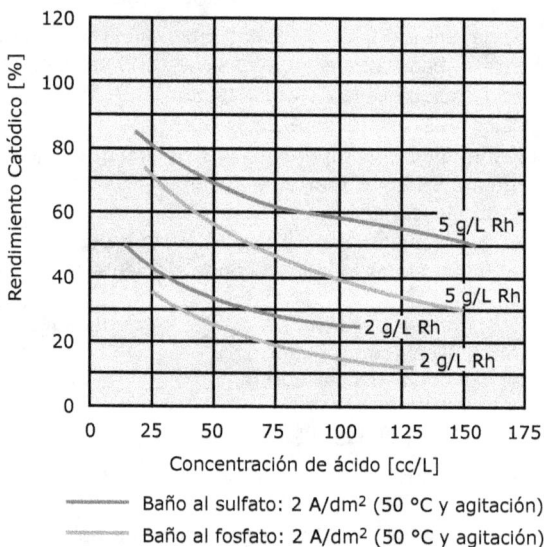

Baño al sulfato: 2 A/dm$^2$ (50 °C y agitación)
Baño al fosfato: 2 A/dm$^2$ (50 °C y agitación)

*Fig. 4: Rendimiento en función de la concentración de ácido libre*

Según ensayos y observaciones realizadas en laboratorio, la disminución de rendimiento es mucho más acentuada en los baños de rhodio al fosfato que en los baños al sulfato. Es preciso indicar, además, que las curvas de rendimiento en la zona de densidad de corriente utilizada normalmente son sensiblemente lineales (ver Fig. 5). Su pendiente negativa bastante fuerte hace prever un buen poder de penetración. De hecho, la distribución del metal depositado es comparable a la que se obtiene con un baño de plata cianurado.

## Influencia de las Sales Amoniacales

La adición, a la que hacen referencia algunos autores, de fosfato o sulfato amónico a las soluciones que se han citado, no parece traducirse en una sensible mejora.

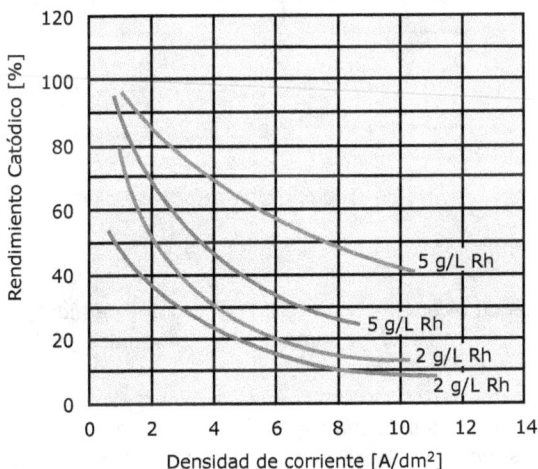

Fig. 5: Rendimiento en función de la densidad de corriente

En ambos tipos de baño esta adición provoca una caída en el rendimiento, la que es acentuada cuanto más baja sea la temperatura de trabajo. Respecto a sus aspectos positivos mencionaremos que se ve incrementada la densidad de corriente correspondiente al "quemado" y a su vez resulta ligeramente mejorado el brillo superficial obtenido.

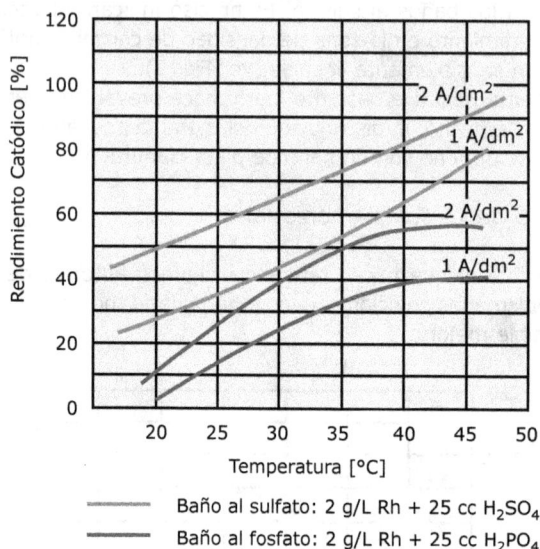

Baño al sulfato: 2 g/L Rh + 25 cc $H_2SO_4$
Baño al fosfato: 2 g/L Rh + 25 cc $H_2PO_4$

*Fig. 6: Rendimiento en función de la temperatura del electrolito*

## Agentes Humectantes

Los riesgos de picaduras debidas a las burbujas de hidrógeno que no se desprendan, pueden ser evidentemente disminuidos por la adición de un agente tensoactivo o humectante.

Sin embargo, ello es extremadamente peligroso, pues tal como se verá, los baños de rodinado son sumamente sensibles a la contaminación orgánica. *Wiesner* cita el laurilsulfato sódico como único agente humectante compatible con las soluciones de rodinado, a pesar de que este producto sea generalmente descompuesto por las soluciones fuertemente ácidas. Incluso la combustión anódica a fuertes densidades de corriente no parece dar productos de degradación perjudiciales.

## Tensiones Internas

La importante sobretensión que se necesita para la descarga de los iones *Rhodio* hace prever un depósito con fuertes tensiones internas, de forma que todos los revestimientos obtenidos a partir de los baños convencionales están fisurados en una gran medida.

Ello es tanto más molesto cuanto, teniendo en cuenta el lugar que ocupa por el *rhodio* en la escala de potenciales, la mayor parte de depósitos o metales base subyacentes serán anódicos respecto al rhodio, por lo que a través de cualquier grieta del revestimiento se producirá un ataque importante del metal subyacente, cuyos productos de corrosión exudados por las fisuras irán a ensuciar la superficie del metal precioso que está inalterable. El destructor par electroquímico puede inclusive ser reforzado por fenómenos de aireación diferencial. Así pues, para poder sacar partido de la gran inercia química del rhodio, hace falta buscar por qué medios puede obtenerse un depósito exento de fisuras.

Es preciso hacer notar que la fisuración del rhodio es mucho más perjudicial que la del cromo. En efecto, en el caso del rhodio los fallos llegan hasta el metal base, mientras que en el cromo el revestimiento está formado por una serie de capas fisuradas cuyas líneas de fisura no coinciden, por tal razón un depósito de espesor de cromo protege, cosa que no ocurre con un depósito similar de rhodio.

Como no nos proponemos efectuar una exposición teórica sobre las tensiones internas, recordaremos simplemente que su origen no puede explicarse por una sola causa. Todo lo que sea susceptible de alterar los retículos cristalinos o de perturbar el ordenamiento de los cristales entre sí mismos, puede ser origen de tensiones internas.

Por ejemplo, la deposición del metal bajo una forma A correspondiente (en las condiciones de electrólisis de aquel instante) a un mínimo de energía libre, es decir, a un estado estable, mientras que luego el mínimo de energía libre corresponderá a un estado B, la forma A entonces metaestable tenderá a transformarse en forma B con creación de tensiones internas, tanto más importantes cuanto las formas A y B sean más diferentes. La incorporación de sustancias extrañas localizadas principalmente en las junturas de los cristales y la formación de combinaciones químicas (particularmente hidruros), son las causas fundamentales de las tensiones internas. Hay que señalar que el metal base tiene también su influencia, sobre todo tratándose de débiles espesores, ya que la epitaxia es más o menos marcada según la naturaleza de este metal y el estado de su superficie. Según *Reid*, que ha efectuado ensayos sobre el paladio, el oro y el níquel, la influencia del metal base sobre la importancia de las tensiones internas sería despreciable, aún cuando una elección juiciosa de este metal puede reducir la fisuración. En la práctica, aumentando la concentración en rhodio, el contenido de ácido y la temperatura en los baños convencionales, se disminuyen las tensiones internas. Ello corresponde a los principios generales, en lo que concierne a la concentración en metal y a la temperatura; en cuanto a la necesidad de tener una fuerte concentración en ácido se explica por la necesidad de reemplazar, en la película catódica, los iones hidrógeno descargados, con objeto de evitar la formación de *hidratos de rhodio* cuya incorporación al depósito es particularmente perjudicial. Mirándolo bien, esto último es una suerte de compromiso puesto que los *iones H* serán tanto más fácilmente descargados cuanto mayor sea su concentración. De hecho, una variación de una décima en su concentración no elevará (en valor algebráico) su potencial de depósito más que en 58 mV, mientras que el importante aumento del gradiente de concentración entre la solución y la película catódica que resulta, permitirá un mejor aporte por difusión que vendrá a compensar mejor la diferencia entre la cantidad de *iones H* descargados y los aportados por emigración.

El simple juego entre los factores mencionados no permite obtener un depósito libre de fisuras. Las experiencias efectuadas con el *cromo* han servido de punto de partida, en algunos casos, para iniciar tentativas sobre el *rhodio*, a pesar de que no existe razón alguna para que sean válidas en ambos casos las mismas soluciones. Los mejores resultados, que seguidamente se detallarán, han sido obtenidos mediante *sales de aluminio*, *sales de magnesio* y la adición de *ácido selénico*. En todos los casos interesa obtener depósitos que además de la ausencia de fisuras posean características interesantes. La estructura debe ser de grano fino y la dureza del depósito lo más elevada posible.

El *aluminio* y el *magnesio* tienen efectos similares, de forma que añadidos como *sulfatos* en cantidades lo suficientemente importantes a los baños convencionales, permiten obtener depósitos exentos de fisuras. La disolución del metal base da en este caso una película continua, pero, sin embargo, el aspecto del depósito es un poco rugoso. Contrariamente a lo que se podría creer, las tensiones internas pasan a ser mayores y tienen siempre el mismo sentido.

Según ciertos autores, esta paradoja tendría su explicación por la incorporación a los depósitos de *hidróxidos de aluminio* y/o de *magnesio*, particularmente estables, que modificarían las características mecánicas de la estructura cristalina. Es evidentemente, indispensable que estos metales puedan ser depositados en estado metálico en vista del elevado pH de las soluciones.

En cuanto al *ácido selénico*, éste tiene una notable influencia sobre las tensiones internas (Fig. 7). Esta influencia aparece claramente con una concentración de *ácido selénico* de 0,05 g/L.

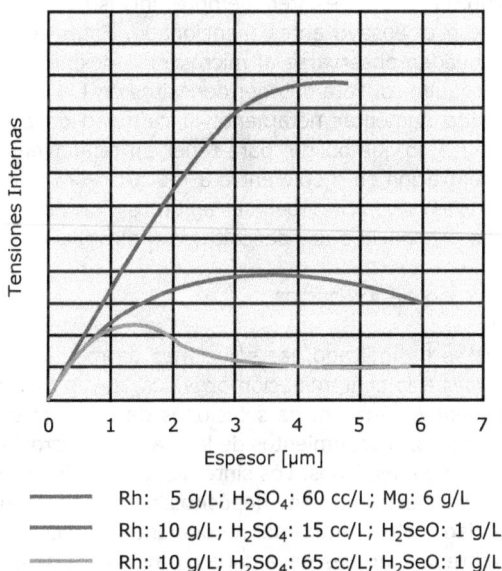

Rh:  5 g/L; $H_2SO_4$: 60 cc/L; Mg: 6 g/L
Rh: 10 g/L; $H_2SO_4$: 15 cc/L; $H_2SeO$: 1 g/L
Rh: 10 g/L; $H_2SO_4$: 65 cc/L; $H_2SeO$: 1 g/L

*Fig. 7: Tensiones internas en función del espesor*

En general, la adición se hace, en los baños al sulfato, a razón de aproximadamente 1 g/L. El rendimiento catódico decrece alrededor de un 20% por un contenido en *ácido selénico* de 0,1%, pero no es más que muy débilmente afectado por nuevas adiciones de este producto. Contrariamente a lo que hemos visto en el caso del *aluminio* y del *magnesio*, el estado superficial de los depósitos se mantiene muy bueno, incluso con altos espesores. La forma de actuar del *ácido selénico* parece explicarse de la forma siguiente: después de un período transitorio, cuya duración depende del metal de base y del contenido de ácido sulfúrico, las tensiones se vuelven compresivas y tienden a cerrar las fisuras que se han formado en el curso de la primera etapa de la deposición. Los depósitos de *rhodio* son, en este caso, tanto menos fisurados cuanto más espesor posean, lo que se comprueba, por otra parte, mediante pruebas electrográficas.

Sin embargo, las fisuras existen siempre, incluso cuando no se pueden descubrir con el ensayo antes mencionado. Estas son extremadamente finas y pueden observarse al microscopio después de un ataque químico o electroquímico. Para obtener depósitos de 1 a 2 µm exentos de fisuras, hace falta aumentar netamente la cantidad de ácido sulfúrico (100 a 200 cm³/L), lo que obliga, para tener un rendimiento aceptable, a llevar la concentración en rhodio entre 8−10 g/L. Por último, los baños que contengan *ácido selénico* deben ser agitados vigorosamente, ya que tienen particular tendencia a dar depósitos con picaduras.

## Contaminación de los baños

Tal como ya se ha indicado, las soluciones de rodinado son particularmente sensibles a la contaminación orgánica, cuyas fuentes principales son las siguientes: Arrastre de soluciones de desengrase o de recubrimientos anteriores, revestimientos de las bateas electrolíticas y/o productos de adición no adecuados. Los síntomas principales de este tipo de contaminación del electrolito son: depósitos negros con tendencia a la exfoliación o pelado, disminución del rendimiento y precipitación de rhodio metálico sobre las paredes de la cuba o bajo forma de polvo marrón. La solución a este problema consiste en un tratamiento con carbón activado. Es preciso utilizar un carbón activado de excelente calidad, del cual se empleará una pequeña cantidad, necesaria para eliminar las impurezas, de tal modo que quede reducida al mínimo posible la cantidad de rhodio adsorbida. Es necesario que se efectúe un ensayo preliminar cuando se deban tratar cantidades importantes de solución electrolítica.

Generalmente da buenos resultados una proporción de carbón de 0,5 g/L con el baño a 60°C durante dos horas. Hay que señalar que ciertas impurezas orgánicas no son eliminadas mediante este tratamiento.

El aporte de cationes metálicos extraños es también perjudicial. Ello se traduce primeramente en cambios de coloración y una modificación en el estado superficial de los depósitos. En el caso de *plata* y *cobre*, las soluciones se oscurecen notablemente. La cantidad máxima admisible de *cobre, cinc, cadmio, estaño* y/o *plomo* es de unos 20 mg/L, de 1 g/L de *níquel* y solamente 10 mg/L de *plata*. El rendimiento no resulta afectado más que por cantidades netamente superiores, salvo en lo que concierne al *oro*, del cual unos 40 mg/L bastan para impedir prácticamente por completo la deposición de rhodio.

Trazas de *cobre* (de 4 a 5 mg) dan depósitos más brillantes pero también elevan las tensiones internas. La mayor parte de las impurezas actúan en este sentido y ésta es la razón por la cual los baños destinados a la obtención de revestimientos de espesor quedan particularmente afectados por la presencia de impurezas. Los baños que contienen *ácido selénico* y están contaminados por *cobre* dan depósitos menos tensionados que los convencionales que hayan sufrido la misma contaminación. El *hierro* no es muy perjudicial, sobre todo en solución fosfórica, ya que se elimina entonces bajo forma de fosfato férrico complejo. La eliminación de impurezas metálicas es particularmente difícil. La electrólisis selectiva a baja densidad de corriente no es aplicable, pues en los diversos tipos de soluciones empleadas, el *rhodio* se comporta siempre como el metal más noble. La precipitación con ferrocianuro, preconizada por *Brenner* y *Olson*, no es aconsejable, pues los baños son muy sensibles a pequeños excesos de este reactivo. Siendo la mayor parte de los metales que contaminan las soluciones de rhodio, fuertemente quelatados por la sal acomplejante EDTA (ácido etilen diamino tetracético), se ha utilizado algunas veces este compuesto para enmascarar los iones molestos. Este método no debe ser aplicado más que en casos de absoluta necesidad, pues la solución así restaurada tendrá una vida más o menos acortada a causa de la contaminación debida a los productos de degradación del EDTA, el cual parece ser sensible a la oxidación anódica. Por otra parte, al destruirse el propio quelato, las impurezas orgánicas contaminan nuevamente la solución. De todas formas es preciso no añadir más que la cantidad de EDTA estrictamente necesaria para conseguir el complejo, ya que el rendimiento catódico desciende muy rápidamente cuando la concentración es superior a 0,2 g/L.

La firma *Sel-Rex Corp*, ha conseguido poner a punto dos tipos de baños particularmente interesantes: el *"Bright Rhodium"* destinado a dar los depósitos de poco espesor, blancos y muy brillantes, requeridos para las aplicaciones decorativas; mientras que el *"Rhodex"* permite obtener revestimientos gruesos, semibrillantes, exentos de fisuras, con particular aplicación en la industria electrónica.

## Rodinado en Campana o a Tambor

Se puede rodinar a tambor o rotogalvano. En este caso deben tomarse todas las precauciones para evitar la contaminación. Es necesario igualmente asegurar una renovación correcta de la solución agotada. Los baños conteniendo ácido selénico, notablemente más sensibles a las interrupciones de corriente, son los menos adecuados.

Siendo las soluciones de rodinado a la vez que muy costosas, muy expuestas a ser fácilmente contaminadas, es necesario tomar ciertas precauciones para su empleo. Es necesario sumergir las piezas sin corriente durante algunos segundos, para compensar el poco poder humectante del baño, ya que en caso de no hacerlo así habrá fallos en el revestimiento. Naturalmente, sólo puede obrarse de este modo en el caso de que el metal base resista sin ser atacado, ya que el contacto con el baño. de por sí el muy corrosivo. Si no se hace así las piezas a recubrir podrán ser atacadas y la solución quedará rápidamente inutilizada.

La experiencia del autor, desaconseja ampliamente el uso del rodinado a tambor, salvo que no quede otra alternativa por el tipo de piezas a procesar, ya sea por su tamaño y/o formato.

## Precauciones especiales

Hay que señalar que el desplaque del Rhodio no se puede efectuar más que en los depósitos fisurados, ya que entonces es fácil atacar la película de metal base.

El oro constituye la mejor base, tanto más cuando convierte en más resistentes a la corrosión los depósitos normales más o menos fisurados.

El níquel y la plata son sin embargo los recubrimientos de base más empleados. Cuando se utiliza el níquel hay que realizar un despasivado muy enérgico ya que de otro modo los depósitos tienen tendencia a desprenderse.

Siendo los aditivos y abrillantadores utilizados en los baños de niquelado particularmente muy perjudiciales para los baños de rhodio, es necesario lavar las piezas con el mayor cuidado; y si éstas tienen cavidades o rincones, es indispensable una agitación mecánica o con aire comprimido en la cuba de lavado. Generalmente es preferible emplear un baño de níquel al sulfamato sin abrillantadores por las razones que se detallarán a continuación.

La ausencia de agentes tensoactivos en la mayor parte de los baños de rodinado conduce a depósitos que pueden estar picados si no se evita la acumulación de burbujas de hidrógeno. Se impone, pues, una buena agitación para conseguir depósitos de cierto espesor. Ello es particularmente necesario en el caso de los baños conteniendo *ácido selénico*, que tienen generalmente tendencia al "picado".

## Equipo necesario

El revestimiento de las cubas debe escogerse con el máximo cuidado (hay que desconfiar entre otros productos, del P.V.C. que provoca en ocasiones la reducción del rodhio). Hay también que tener precaución con los adhesivos empleados para las placas de plástico flexible o las resinas con fibra de vidrio (flexi-glass o PRFV). Sirven perfectamente los recipientes de cristal, vidrio templado y enlozado.

El calentamiento por Baño María permite evitar cualquier sobrelevación perjudicial de temperatura, pero provoca a menudo fisuras en el revestimiento plástico de las cubas. Con calentadores por inmersión existe el riesgo de un sobrecalentamiento local de la solución. Así la mejor solución para este problema es el intercambiador de temperatura. Es aconsejable la filtración continua, con lo cual la bomba puede servir igualmente para hacer circular el líquido a través del intercambiador de calor. Los ánodos deberán ser insolubles de platino o de titanio platinado. En los baños al sulfato se ha empleado algunas veces el plomo oxidado anódicamente; sin embargo no lo consideramos aconsejable.

# CAPITULO 3

# ANÁLISIS CUALITATIVO Y CUANTITATIVO

## ANALISIS CUALITATIVO

Los reactivos que permiten la identificación del **rhodio** son relativamente pocos. Efectivamente, si se examina el "Primer Informe de Reactivos Analíticos", editado por la *Sección de Química Analítica de la Unión Internacional de Química*, en el que se agrupan todos los reactivos existentes, no constan en dicho listado más que ocho reacciones específicas para el rhodio. Además, estas reacciones son casi todas cristalizaciones que necesitan el empleo de un microscopio, técnica muy delicada y a menudo poco selectiva, y la mayoría de las veces, imposible de llevar a cabo en el ámbito de un taller de galvanoplastía.

Sin embargo, en su "Quinto Informe" (publicado durante el año 1962) la Unión Internacional, propone para el *rhodio*, dos nuevas reacciones, características y fáciles de ejecutar, que describiremos a continuación:

### Identificación mediante la p-nitrosodifenilamina:

En un matraz conteniendo la solución a analizar ligeramente ácida, se añade el reactivo (solución de p-nitrosodifenilamina al 0,05% en una mezcla de agua y alcohol etílico 1:1).

Se calienta en agua hirviendo durante 5 minutos. Una coloración rojo-anaranjada indica la presencia de rhodio. Límite de identificación: 0,5 microgramos.

Con el platino (IV) reacciona de igual manera. El osmio da un precipitado verde negruzco, el cerio (IV) un precipitado negro y el hierro (III) una coloración amarillo-verdosa.

### Identificación mediante hipoclorito sódico:

Se depositan en una pequeña cápsula de porcelana: una gota de solución a analizar y dos gotas de reactivo (solución al 5,25% en agua). Una coloración azul indica la presencia del rhodio. Límite de identificación: 0,6 microgramos. La reacción no puede efectuarse en presencia de *cobre*, *cerio* (III), *talio* (I), *plomo*, *níquel*, *cromo* (III), *manganeso*, *hierro* (II) y (III), *cobalto* y *vanadio*.

## ANALISIS CUANTITATIVO

Cuando se trata de valorar el rhodio, el analista tiene a su disposición innumerables métodos, a los cuales pasaremos revista brevemente antes de describir un procedimiento fácilmente aplicable a la determinación del contenido en rhodio en los baños electrolíticos. Los diferentes métodos son los siguientes, a saber:

### Por gravimetría:

De los métodos clásicos, los que se efectúan por gravimetría son los más comúnmente utilizados.

Se puede determinar el rhodio bajo forma de hexanitrito 3, sulfuro 4, de complejo con la thionalida y el mercapto-2-benzotiazol; sin embargo, se prefiere generalmente proceder por reducción y pesada del rhodio metálico precipitado.

Los principales reductores utilizados son: el magnesio, la hidracina 7.8 y el ácido fórmico.

### Por volumetría:

Pueden ser utilizados dos métodos: a) Oxidación del rhodio (III) a rodio (V) y valoración con hierro (III), y b) Dosaje indirecto mediante thionalida y valoración del exceso de reactivo por iodometría.

### Por colorimetría y espectrofotometría:

Estos métodos son adecuados en particular para la determinación de pequeñas cantidades de rhodio. Se han propuesto numerosos reactivos:

El **cloruro de estaño (II)**. Este método puede utilizarse en contenidos de rhodio de 3 a 29 ppm. El ensayo se realiza en medio ácido, con el uso de ácido clorhídrico 2 Normal, dando una coloración roja. Sin embargo, cuando el contenido de rhodio es débil, es preferible efectuar la reacción en medio menos ácido; se forma entonces una coloración amarilla. De esta forma la sensibilidad es mejor, aunque por otra parte la precisión es menor y es necesario controlar muy cuidadosamente la concentración en cloruro, así como el tiempo de reposo antes de la medición.

El *mercapto-2 dimetil 4-5 tiazol* (para contenidos de 1 a 8 ppm). Se obtiene mediante este reactivo, después de ebullición durante una hora en medio ácido de ácido clorhídrico concentrado, una coloración de ámbar a rojo muy estable.

El *mercaptobenzoxazol 4* (para contenidos de 2 a 10 ppm). El precipitado obtenido con este reactivo se disuelve en acetona dando una solución estable que va del amarillo al rojo.

El *hipoclorito sódico* (para contenidos de 3,4 a 3,5 ppm). Este reactivo da una coloración azul con el rhodio en soluciones de pH comprendido entre 4,7 y 7,2.

La *p-nitrosodimetilanilina* da con el rhodio en medio ácido, después de ser calentado, una coloración rojo cereza que podría ser utilizada para una valoración colorimétrica sensible de este elemento.

Por último podemos señalar el estudio crítico publicado por *Beamish* y *Mc Bryde* en 1953. Ellos completaron los métodos de identificación del rhodio mediante los siguientes sistemas de análisis, a saber:

*Por potenciometría:*

Se ha propuesto una valoración potenciométrica con la ayuda de cloruro de titanio.

*Por electrólisis:*

También puede ser aplicado este método a la valoración del rhodio y de sus concentrados en solución.

*Por polarografía:*

Ciertos complejos de rhodio dan una onda polarográfica que es susceptible de ser utilizada para su identificación.

Según los trabajos ya publicados parece que es el complejo piridínico es el más adecuado para la valoración.

*Por espectrografía:*

Para la determinación cuantitativa de pequeños contenidos en rodio (0,005 a 1 g/L) el análisis espectrográfico es muy adecuado. Este método tiene la ventaja de ser específico y la de evitar la preparación de disoluciones a menudo muy laboriosas. No entraremos en detalles de esta técnica, remitiendo al lector a las publicaciones generales de espectrografía.

Se hace mención, igualmente, las posibilidades de valoración con la ayuda de los rayos catódicos y de los Rayos X así como los métodos basados en la medición de la radioactividad producida por irradiación del rhodio.

## VALORACION MEDIANTE LA HIDRACINA

Cuando el galvanoplasta se propone efectuar un análisis de rhodio tiene a su disposición por consiguiente, tal como se ha visto, un número considerable de métodos y reactivos y le podría resultar embarazosa la elección, Por ello se cree útil describir un procedimiento gravimétrico, simple, que todos los laboratorios pueden aplicar con facilidad. Consiste en reducir el rhodio a su estado metálico mediante la *hidracina*. Es un procedimiento que se ha aplicado a numerosos baños de rodinado y que siempre ha dado resultados satisfactorios.

*Modo de operar*

Se introduce en un Erlenmeyer de 250 cc, una muestra de forma que contenga de 30 a 50 mg de rodio. Se añaden 30 cc de una solución saturada de *sulfato de hidracina*, luego *potasa cáustica* (solución del 20 al 40% de hidróxido de potasio) en exceso hasta obtener una solución muy alcalina. Se calienta a fuego lento durante una hora y se añaden nuevamente 10 cc de solución saturada de *sulfato de hidracina* y, si es necesario, potasa cáustica hasta que se observa un desprendimiento gaseoso. Se deja reposar a continuación durante algunas horas (si es posible durante toda la noche). El precipitado que se obtenga será más grueso y el filtrado más fácil, cuanto mayor sea el tiempo de estacionamiento.

Después se decanta con precaución sobre un papel de filtro gravimétrico el líquido que sobrenada de forma que la mayor parte del precipitado de rhodio quede en el Erlenmeyer. Cuando la casi totalidad del líquido se ha eliminado, se echan 10 cc de ácido nítrico concentrado sobre el precipitado del Erlenmeyer. Se calienta con cuidado y filtra (sobre el mismo papel).

Después de filtrado, el papel se introduce en un pequeño crisol de porcelana y se calcina. Finalmente se pesa el rhodio así obtenido.

Antes de terminar quiero llamar la atención de los lectores sobre la complejidad de las soluciones de rhodio, a pesar de que aparentemente se presenten bajo la forma de sales simples, insistiendo sobre el hecho de que el químico, si quiere obtener resultados reproducibles y satisfactorios debe seguir escrupulosamente las operatorias descriptas. De esta forma se evitarán grandes errores debidos al hecho de que el rhodio, a pesar de su apariencia, a menudo no está completamente ionizado y no puede entrar en reacción más que parcialmente.

# CAPITULO 4

# APLICACIONES PRÁCTICAS

## APLICACIONES DEL RHODIO ELECTRODEPOSITADO

Los depósitos electrolíticos de *rhodio* se han utilizado por primera vez en plan comercial, en Estados Unidos; en bijouterie, ya que por su color similar al de la plata hace resaltar las piedras blancas. En esta aplicación el rhodio ha desplazado al platino, de color más negro, además de que los baños de platinado son difíciles de mantener. La muy buena resistencia del rodio a la corrosión, se ha aprovechado igualmente para dar un acabado inalterable a las piezas de platería. La firma MELIOR utilizó el rhodio en lugar del cromo para el revestimiento final de las piezas niqueladas de sus cafeteras. El rodinado era muy utilizado como revestimiento para los instrumentos quirúrgicos antes de la aparición de los aceros inoxidables de última generación.

En todas estas aplicaciones el rhodio se deposita generalmente en un "flash" de 0,1 µm (micrón); 0,3 µm de espesor son, sin embargo, más apropiados para sortijas, encendedores, gargantillas, etc. En la actualidad ha resurgido en joyería la manufactura de joyas confeccionadas en oro blanco. Para mejorar la terminación y coloración de las mismas, se ha vuelto común aplicarles un depósito de rhodio de 0,5 µm.

Como ya hemos indicado, el color obtenido es tanto más blanco cuanta mayor es la densidad de corriente. No hay que olvidar que la contaminación afecta rápidamente el aspecto del depósito incluso antes de que se observe un descenso en el rendimiento.

Doce micrones de níquel y 0,3 µm de rhodio, resisten fácilmente temperaturas superiores a 300°C. Con plata haría falta un espesor de rodio mucho mayor.

En electrónica, es donde las cualidades excepcionales del rhodio han dado los mayores servicios. En efecto ningún otro metal actualmente electrodepositado goza de una tan gran inercia química junto a una tan buena resistencia a la abrasión. Si bien su conductividad es alrededor de tres veces menor que la de la plata, es extremadamente estable y ello es

*Fig. 8 Fotografía mostrando diferentes piezas de plata con tratamiento de rodinado. Obsérvese el gran brillo obtenido.*

mucho más importante, por lo menos en lo que concierne a los contactos, ya que no existirán con el tiempo modificaciones de las características del circuito provocadas por variaciones de resistencia de contacto. No existirán tampoco distorsiones en las señales transmitidas por su superficie como las que se producen algunas veces con los depósitos de plata, cuya sulfuración origina una película con propiedades rectificadoras.

Los recubrimientos de *rhodio* no se utilizan donde existe peligro de erosión eléctrica, sin embargo, son utilizados en cambio, para los contactos eléctricos sometidos a cargas eléctricas moderadas. La presión de contacto puede ser muy baja, sin afectar o hacerlo relativamente poco a la resistencia del mismo. Las especificaciones para las aplicaciones citadas son generalmente las siguientes: para los contactos simples, 7 μm de plata más 0,3 μm de rhodio; para los contactos que tengan que trabajar con absoluta seguridad después de largos períodos de reposo, hay que elevar el espesor de rhodio hasta alrededor de los 2 μm; y en cuanto a los contactos deslizantes, se necesitan de 2 a 10 μm de rhodio según la severidad de las condiciones de empleo.

Se puede utilizar como par de frotamiento, *oro-rhodio* o *plata-rhodio*; sin embargo, en cuantas ocasiones se quiera obtener una estabilidad máxima deberá emplearse *rhodio* contra *rhodio*. Solamente en casos muy especiales pueden ser necesarios espesores de rhodio superiores a 15 μm.

Si las piezas a rodinar han sido soldadas con estaño, se necesita una subpelícula de plata de unos 25 µm para obtener un depósito de buena calidad. Para una buena resistencia en ambiente marino se necesitan 100 µm de plata. El níquel deberá sustituir a la plata en el caso de que los contactos deban resistir el calor.

A causa del elevado precio del rhodio, no se deposita con gruesos espesores, solo donde es necesario. A menudo se aplica un "flash" sobre el conjunto de la pieza para mejorar su aspecto y aumentar la resistencia a la corrosión.

Por las mismas razones expuestas, los circuitos impresos son rodinados frecuentemente en su totalidad o en parte, en aplicaciones que se justifique. Las tensiones internas provocan a menudo interrupciones de circuito. Las partes sometidas a frotamiento se rodinan con un espesor entre 5 y 10 µm.

## CONCLUSIONES

El rhodio parece tener características sobresalientes, aún frente a otros metales, gracias a su empleo en forma electrolítica. En la actualidad ha resurgido el uso del rhodio en joyería para lograr una excelente terminación en las piezas de oro blanco.

Sin embargo, a pesar de poseer excelentes propiedades, los depósitos electrolíticos de rhodio aplicados en la industria electrónica han sido reemplazados (en particular por su alto costo) por otros tipos de recubrimientos. Desde el punto de vista del autor, la causa de este reemplazo se debe a la dificultad de obtener depósitos de espesor de rhodio de buena calidad. Se debe señalar, además, que en la mayor parte de aplicaciones electrónicas, se reemplazó el rhodio por los depósitos de paladio y por nuevas aleaciones de oro con otros metales, que desde hace algunos años se hallan en el mercado con excelentes resultados.

Esto ha contribuido igualmente a frenar la expansión del rhodio como revestimiento para superficies de contacto. El desprendimiento del recubrimiento es generalmente el problema mayor, pues sus consecuencias son siempre de gravedad, según ya hemos visto. Ello puede evitarse mediante una preparación correcta del metal a recubrir y una elección juiciosa del baño a emplear.

www.ingramcontent.com/pod-product-compliance
Lightning Source LLC
Chambersburg PA
CBHW060706280326
41933CB00012B/2327